AF331282

PROCÈS DES RÉUNIONS PRIVÉES

CONSULTATION

DE Me ODILON-BARROT

POUR M. LE BARON DE LARCY

PARIS

IMPRIMERIE DE DUBUISSON ET C^E

5, RUE COQ-HÉRON, 5

1868

CONSULTATION

DE Mᵉ ODILON-BARROT

POUR M. LE BARON DE LARCY

Deux droits essentiels sont impliqués dans l'affaire de M. le baron de Larcy, tous deux d'une haute importance, quoique d'une nature différente : le droit de réunion, l'inviolabilité du domicile ; l'un qui est nécessaire à la vie publique, l'autre qui intéresse la vie privée dans ce qu'elle a de plus intime et de plus sacré. On s'est peut-être trop exclusivement préoccupé dans cette affaire du premier de ces droits, pas assez du second.

La loi a limité le premier dans un intérêt de sécurité générale ; elle n'en a permis l'excerice que dans des conditions déterminées. Ainsi, elle a interdit les réunions dans un lieu public, non clos, et non couvert, dans tous les cas, à moins d'une autorisation administrative : c'est la police de la place publique et des rues ; elle permet les réunions non politiques dans un lieu clos et couvert, dans tous les temps : enfin elle autorise les réunions électorales dans un lieu clos et couvert, jusqu'au cinquième jour qui précède l'élection.

Quant à une réunion dans une habitation privée, comme il s'agit ici de l'inviolabilité du domicile, ce droit est illimité ; il ne cède que devant l'appel du domicilié lui-même, où devant les nécessités de la justice, et encore dans ce dernier cas faut-il que le magistrat ayant juridiction procède en vertu d'un mandat régulier.

Ce sont là des vérités légales, qui ne peuvent être abandonnées à des appréciations arbitraires, car alors elles cesseraient d'exister de fait et ne seraient plus que de vaines abstractions.

La question qui se pose devant les juges d'appel n'est donc pas de savoir ce qui s'est fait dans le domicile de M. de Larcy à la veille de l'élection du Gard, car il a eu le droit d'y réunir qui il lui a plu d'y appeler ou d'y admettre ; ni de savoir ce qui s'y est dit, car nulle autorité n'a le droit de s'enquérir de ce qui se dit dans l'intérieur du domicile d'un citoyen, et cela par une bonne raison : c'est que ce domicile est inviolable pour elle, qu'elle ne peut pas y pénétrer, et que tout ce qui s'y dit est pour elle comme si cela n'était pas.

C'est par suite de cette inviolabilité du domicile privé que le législateur, tout en réglementant les réunions dans les lieux publics, n'a pas même cru devoir parler des réunions dans les domiciles privés, et que tous les orateurs, même ceux du gouvernement, sont convenus que ce cas était en dehors des prévisions de la loi, et, pour ainsi dire, hors de sa compétence.

Il ne reste donc pour le juge qu'un seul point à décider : le lieu dans lequel la réunion incriminée s'est tenue était-il un domicile privé, soit celui du prévenu, soit celui de toute autre personne qui aurait admis chez elle cette réunion ; car, dans l'un comme dans l'autre cas, il s'agit d'un domicile privé et de son inviolabilité.

Or, sur ce point, pas de difficulté ; mais, objecte-t-on, ce domicile, par le fait de M. de Larcy, aurait cessé momentanément d'être un domicile privé pour devenir un lieu public.... Lors même que l'on considérerait que, dans certains cas, il soit loisible à un citoyen de transformer son domicile en un lieu public, encore faudrait-il se garder de toute appréciation arbitraire ; car, si l'arbitraire était admis, la garantie de l'inviolabilité du domicile s'évanouirait et n'aurait plus le caractère absolu qu'elle a dans la loi.

C'est surtout en ce point que le jugement du tribunal d'Alais est dangereux et doit être réformé.

Il a admis l'arbitraire dans un point qui ne le comporte pas.

Il a dit : « Le domicile cesse d'être domicile lorsque des personnes non invitées individuellement y sont admises. »

Si cela était consacré comme point de doctrine, où irait-on ? N'arrive t-il pas tous les jours que des personnes non invitées sont admises dans une maison, sans pour cela lui enlever le caractère de domicile ?

Il a dit encore : « Les personnes admises l'ont été dans une vue politique ; on s'est en effet occupé d'élection. » Qu'importe encore ? La nature, l'objet, la forme même des conversations qui ont lieu dans un domicile, n'en changent pas le caractère, et ne le transforment pas *ipso facto* en un lieu public.

Un des motifs de la prévention était tiré de ce qu'on a entendu du dehors ce qui se disait dans l'intérieur de la maison : cette circonstance n'était pas plus susceptible d'être relevée en droit. Pourvu que ce qui se dit dans un domicile privé ne trouble pas le voisinage, la police n'a pas à intervenir. Tant pis pour ceux qui écoutent aux portes, s'ils se croient b'essés par ce qui se dit dans un domicile privé ; cela ne leur donne pas le droit d'appeler le commissaire de police. Si, sous le seul prétexte qu'on entend du dehors ce qui se dit dans un salon, un commissaire de police se permettait de violer un domicile privé et d'y pénétrer, le propriétaire aurait le droit de l'expulser et même de le faire punir.

En quel cas donc un domicile privé pourrait-il, dans l'hypothèse la plus forcée, devenir un lieu public, comme tel être accessible aux agents de la police et soumis à leurs investigations ? La réponse découle de la nature même des choses et ne se prête à aucun arbitraire.

Le domicile d'un citoyen pourrait par son fait devenir un lieu public lorsque, par l'effet de sa volonté bien marquée, le public serait, indistinctement et sans choix, admis dans ce domicile, comme il le serait dans une place publique, une église ou un marché.

Mais dès que le domicilié a voulu exclure le public, et n'admettre que certaines personnes déterminées, invitées ou non invitées, mais admises personnellement par lui ou ses agents, son domicile conserve un caractère privé. Ce citoyen, quoique en compagnie plus ou moins nombreuse, est toujours chez lui, et, par conséquent, dans ses droits de maître de maison et sous la protection légale et constitutionnelle de l'inviolabilité de son domicile.

Au reste, cette hypothèse d'un domicile privé, converti en lieu public, est la concession la plus extrême qu'on puisse faire à la prévention et encore cette concession peut-elle être contestée en droit strict et rigoureux.

Le domicile privé d'un citoyen, même lorsqu'il y a admis le public, ne perd pas pour cela le caractère d'habitation privée ; car s'il a convenu à un domicilié d'admettre le public dans son habitation, il a gardé le droit de l'en expulser ; il reste donc maître chez lui, et ce qui s'y passe ne saurait dans aucun cas être réputé se passer dans un lieu public. Les cris qui seraient poussés dans cette habitation, par exemple, alors même qu'elle serait ouverte au public momentanément, ne sauraient être punis comme ayant été proférés dans un lieu public, au moins d'après la stricte application de la loi pénale.

Et, en cela, il n'y aurait pas pour la paix publique de bien graves inconvénients; car les conditions d'une habitation privée sont telles qu'elles n'offriront jamais les mêmes dangers que la place publique.

La Cour, saisie de l'appel du jugement d'Alais, en faisant justice des appréciations arbitraires de ce Tribunal, rendra à l'inviolabilité du domicile des citoyens toute sa portée légale; que si elle admet le cas où une habitation privée pourrait devenir un lieu public, elle précisera ce cas de manière à ce que l'on ne puisse jamais, dans aucune circonstance, abuser de ses définitions contre les immunités du foyer domestique.

ODILON BARROT.

Planchamp (Lozère), 6 octobre 1868.

ADHÉSIONS

L'avocat soussigné adhère à la consultation de son illustre confrère Mᵉ Odilon Barrot.

Il lui sera permis de rappeler ici ce qu'il disait il y a peu de jours dans une consultation pour M. Larcy Juillon :

« On proclame le droit, mais on se réserve le moyen d'en paralyser l'exercice.
» A Nîmes, on exalte l'inviolabilité du domicile pour condamner celui qu'on saisit
» hors de sa demeure, et quant à Alais on se heurte au domicile de l'honorable
» M. de Larcy, on le viole. C'est le pire des arbitraires, l'arbitraire judiciaire subs-
» titué à la loi. »

En effet, la doctrine incertaine et contradictoire des deux poursuites ne saurait être trop mise en relief. Elle trahit l'embarras que le parquet éprouve à justifier des condamnations qu'on juge nécessaires pour couvrir les graves incidents qui ont imprimé à la dernière élection du Gard un caractère ineffaçable.

On a beaucoup dit qu'au lendemain de la loi sur les réunions et à la veille des élections générales, il était nécessaire que la jurisprudence établît la ligne de démarcation entre les réunions privées et les réunions publiques. Il est fâcheux d'avoir à constater que *l'alignement* vanté par le parquet en exécution des réformes « *libérales* » du 19 janvier, nous ramènerait fort en arrière des libertés qui nous étaient laissées sous le régime antérieur. Pour s'en convaincre, il n'y a qu'à rapprocher du procès actuel la réunion que M. de Larcy a pu tenir à St-Ambroix en 1865, et le langage de M. Vuitry à la même époque.

Cependant, M. Rouher avait, en 1868, confirmé les paroles de son collègue; mais si on invoque les déclarations solennelles du gouvernement à la Chambre, le parquet répond qu'il n'y a aucun compte à tenir des propos de tribune. Ainsi pour rassurer la Chambre et le pays, le pouvoir prodigue les plus énergiques affirmations. Quand la séance est levée, ses agents les répudient, et par un singulier renversement des rôles, c'est le parquet qui désavoue les ministres; il est vrai que les ministres acceptent volontiers ces utiles désaveux.

Mais du moins nous donne-t-on la démarcation proclamée nécessaire ?

On s'en garde bien. Si restrictive que soit la règle, si une règle nette et précise est posée, les citoyens sauront ce qu'ils ont le droit de faire. C'est ce qu'on ne veut pas, et la doctrine du jugement d'Alais comme du jugement de Nîmes se borne en définitive à poser la souveraineté de l'appréciation dévolue au juge.

C'est là, en matière politique, une doctrine plus fatale que la plus illibérale des interprétations et nous la combattrons toujours de toutes nos forces. Il faut que les citoyens sachent nettement quel est leur droit; comment le sauront-ils si l'interprétation varie dans chaque espèce et si la solution dernière est laissée à l'inspiration du magistrat qui jugera après coup? Il faut que les tribunaux eux-mêmes soient soumis à des principes clairement définis, parce qu'il ne faut pas que le vague de la théorie permette de poursuivre les uns et de tolérer les autres.

Où sera donc la distinction doctrinale et caractéristique à établir entre les réunions privées et les réunions publiques? Sera-ce le lieu de la réunion? Nous aurions intérêt à le dire puisqu'il s'agit ici d'un domicile privé; mais nous ne tomberons pas dans les contradictions que nous reprochons à la poursuite, et nous reconnaissons que, si le caractère privé du domicile constitue une puissante présomption, cependant le domicile peut devenir public.

Sera-ce l'objet de la réunion ou le nombre des membres présents? C'était le terrain sur lequel se plaçaient l'administration et le commissaire de police pour interdire la réunion d'Alais. En battant à demi en retraite, le ministère public a encore cherché à s'y maintenir. Le tribunal a fait justice de cette prétention contraire aux principes élémentaires du droit, au texte de la loi, aux nécessités les plus essentielles du suffrage universel.

Sera-ce, suivant la doctrine du jugement, le mode de convocation? La loi, à laquelle il n'est pas permis de suppléer, surtout en matière criminelle, ne s'est pas préoccupée des divers modes possibles de convocation, et le bon sens indique que ces divers modes n'ont d'autre valeur que de manifester avec précision la volonté de celui qui convoque. Pourquoi cette volonté ne pourrait-elle pas se traduire de toute manière et serait-elle astreinte à des formalités qu'aucune loi n'a édictées? L'essentiel est qu'elle se manifeste, et c'est ce qui nous amène à placer le caractère public ou privé de la réunion dans la volonté nettement marquée de celui qui la convoque.

Un homme ouvre aux passants la porte de son domicile: nul obstacle, nul contrôle qui empêche l'accès; une affiche, un avis public a invité tout individu à entrer, peu importe le but, le nombre, le mode de convocation : même dans ce lieu privé, la réunion sera publique. Supposez que le même homme, en appelant le public, mette une condition à l'entrée, comme un prix, quel qu'en soit le chiffre, ou un genre de vêtement, quel qu'en soit la forme, peu importe le but, le nombre, le lieu, le mode de convocation, la réunion sera encore publique. Supposez au contraire que cet homme, après avoir invité tout le monde, se tienne lui-même ou fasse tenir un agent à l'entrée, et que là, lui ou son agent, indistinctement, arbitrairement, introduise les uns et écarte les autres; encore une fois, quels que soient le but, le nombre, le mode de convocation, le lieu, la réunion sera privée.

Pourquoi cette différence? c'est que, dans les deux premiers cas, la faculté d'assister à la réunion appartenait tout entière aux assistants et que leur entrée a dépendu de leur volonté seule, tandis que, dans le dernier cas, c'est la volonté du maître de la maison ou du convocateur qui est restée libre et absolue dans ses choix. Les mots, privé et public, quand on les analyse avec rigueur, n'ont pas d'autre sens. Est public ce qui appartient à tous, ce qui est ouvert à tous, ce qui sert à tous, ce qui dépend de plusieurs volontés, quelles que soient d'ailleurs les conditions imposées à l'accès ou à l'usage, pourvu que ce soient des conditions *purement potestatives* pour ceux qui sont appelés à cet usage ou à cet accès. Est privé au contraire ce qui n'appartient qu'à un seul, ce qui ne sert, ce qui n'est ouvert qu'à un seul, ou ce qui ne sert et n'est ouvert à plusieurs que par la volonté libre et indépendante de celui à qui la chose appartient. Et c'est ainsi que, laissant de côté tous les caractères accessoires du but, du nombre, du lieu, du mode de convocation, nous attachant au caractère essentiel, nous dirons, en ce qui concerne les réunions : Est publique toute réunion où l'entrée ne dépend que de la volonté des membres qui la composent ; est privée, au contraire, toute réunion où l'entrée n'est permise à chacun que par la volonté de celui qui la convoque.

Le tribunal d'Alais s'est donc gravement trompé quand il s'est attaché à rechercher quel avait été le mode de convocation : le mode n'importe pas. Autrement il faudrait dire que les divertissements du monde, ces bals, ces concerts dont les cartes d'invitation sont colportées dans les salons et où le maître de la maison ne connaît souvent qu'une partie de ses invités, constituent une violation permanente de la loi et n'existent que grâce à la tolérance d'un gouvernement jaloux du pays quand le pays veut faire ses affaires, mais qui, en revanche, l'a toujours laissé généreusement s'amuser.

Le tribunal exige encore que les invitations soient *sérieuses*. C'est ici que déborde l'arbitraire. Qu'est-ce qu'une invitation sérieuse ? Le tribunal reconnaît lui-même que dans les réunions électorales privées on peut appeler des inconnus; cela étant, les invitations ne seront jamais sérieuses que quand on voudra bien les considérer comme telles.

Au surplus, toute discussion sur le mode des convocations est oiseuse. Le principe que nous avons posé nous dispense d'examiner le détail des faits et de passer en revue les dépositions des témoins. Nous sommes heureux d'échapper à la pénible nécessité de nous arrêter aux déclarations confuses de M. le commissaire de police et au témoignage de ce forçat libéré que le ministère public a subi la nécessité d'invoquer. Peu importe que les cartes aient été nominatives ou non, collectives ou individuelles ; qu'elles aient été distribuées parcimonieusement ou à profusion : la prévention ne peut pas, comme dans l'affaire Barthélemy, citer un seul individu qui soit entré sans en demander et obtenir, sous une forme ou sous une autre, l'autorisation aux agents, c'est-à-dire aux mandataires de M. de Larcy. Bien au contraire, indépendamment des nombreux et honorables témoins assignés par M. de Larcy, l'agent de police Salles a reconnu que, jusqu'à l'irruption du commissaire, personne n'était entré sans cartes. Le sieur Albert Sausse, cet habile auxiliaire de son père, a reconnu lui-même que, lorsqu'il s'était présenté sans carte, sans doute pour tâcher de consommer le délit, on lui avait refusé la porte.

Ce seul fait, incontesté et incontestable, que personne n'est entré sans l'assentiment de M. de Larcy ou de ses mandataires, suffit à ruiner la prévention. Le tribunal de Blois a substitué à la loi des prescriptions imaginaires qui ont le double tort d'être extra-légales et de porter atteinte à un grand principe : l'inviolabilité du domicile. M. de Larcy a mis sa cause sous la protection de ce principe : elle ne pouvait être mieux placée , non-seulement pour arrêter les tribunaux dans la voie où on les veut entraîner, mais encore pour émouvoir la conscience publique. S'il était décidé que, sous prétexte de dissoudre une réunion électorale, l'autorité publique peut pénétrer jusqu'au foyer et troubler de ses investigations le domicile inviolable, il serait impossible que le pays ne se demandât pas s'il est moral, s'il est sage, s'il est tolérable de laisser la politique atteindre et frapper la racine même de la société civile.

Il serait impossible qu'à la vue de ce spectacle les honnêtes gens de tous les partis ne se rappelassent pas ces nobles et éloquentes paroles de M. de Larcy :

« Que peut un malheureux candidat qui n'a à sa disposition ni les faveurs ni les » menaces administratives, qui n'a aucune prise sur les intérêts particuliers ?

» Il ne peut s'adresser qu'aux intérêts généraux ; et ces intérêts, comment » les invoquer, comment leur faire appel, si ce n'est dans des réunions nom- » breuses ?

» Quant à moi, je n'hésite pas à préférer les grandes réunions, si nombreuses, » si animées qu'elles soient, au tête-à-tête intéressé de l'électeur et du candidat. »

Non, les magistrats n'institueront pas un monopole au profit de ces tête-à-tête, chers peut-être aux candidatures officielles, mais qui corrompront et déshonoreront le pays si on n'y fait obstacle.

Paul ANDRAL,

Avocat à la Cour de Paris.

Paris, le 12 novembre 1868.

J'adhère entièrement à la consultation qui précède. Quand le nom illustre dont elle est signé ne donnerait pas aux solutions qu'elle propose la plus sérieuse autorité, est-ce qu'il ne tombe pas sous le sens que chacun doit être maître chez soi et pouvoir y admettre qui bon lui semble, avec ou sans invitation préalable, et y causer avec ses visiteurs de toutes choses, même de politique ? Est-ce que ce n'est pas là un droit écrit dans toute notre législation et tenu par la conscience de tous pour indispensable à la paix et à la sécurité du foyer ? Et ce qui est incontestablement notre droit chez nous, dans notre maison, pourquoi ne serait-ce pas encore notre droit dans un local qui nous aurait été prêté ou loué et où il nous conviendrait de recevoir et de réunir accidentellement un plus ou moins grand nombre de nos amis et de nos concitoyens ? Les réunions publiques sont interdites ou ne sont permises que sous des conditions tellement périlleuses, que l'usage en est, sinon impossible, au moins très-difficile ; mais il nous reste la liberté des réunions privées ; elle nous appartient, avant tout, par le droit qui proclame le domicile inviolable et subsidiairement par l'aveu du gouvernement qui n'a pas hésité à déclarer solennellement à la tribune du Corps législatif qu'il n'y serait jamais et en aucun cas porté atteinte. Nous pouvons donc en user à notre gré sans que la police ou la justice aient rien à y voir. Donc aussi M. de Larcy, en recevant chez lui, en une réunion privée, des personnes individuellement invitées à s'y rendre ou individuellement agréées, même alors qu'il se serait glissé parmi elles, à son insu et contre sa volonté, quelques individus non invités ou non agréés, et en s'entretenant avec ces personnes des élections qui allaient avoir lieu, n'a fait qu'exercer le plus certain et le plus légitime des droits du citoyen ; et, à moins que les déclarations ministérielles ne soient pour la justice que de vaines paroles et que l'inviolabilité du domicile ne soit un leurre et une déception, au lieu d'être un principe d'ordre consacré par la loi, il ne saurait être douteux que la cour de Nîmes n'infirme en ce sens le jugement du tribunal d'Alais.

Henry DIDIER,

Ancien représentant, avocat à la cour impériale de Paris.

Rien de plus clair, de plus précis et de plus juste que les observations de mon éminent confrère Odilon Barrot sur le jugement du tribunal d'Alais ; je donne à sa consultation une adhésion sans réserve.

13 novembre 1868.

J. DUFAURE, *ancien bâtonnier.*

J'adhère à la consultation qui précède.

La réunion tenue dans le domicile d'un citoyen est une réunion privée et participe de l'inviolabilité de ce domicile par cela seul qu'elle n'est pas accessible à tous indistinctement et sans conditions. Pour apprécier le caractère d'une semblable réunion, il n'y a à tenir compte ni de son objet, ni de la nature des relations qui peuvent exister entre les personnes qui la composent, ni du nombre de ces personnes, ni du mode de conversation, ni des moyens de contrôle employés. Que les citoyens convoqués l'aient été par des invitations écrites ou par des invitations verbales; qu'ils aient été personnellement invités à l'avance ou qu'ils aient été à leur entrée présentés à celui chez lequel se tient la réunion et agréés par lui, dans l'une comme dans l'autre de ces hypothèses, la réunion devra toujours être considérée comme une réunion privée; elle ne pourrait cesser de l'être que si le premier venu pouvait y entrer librement, et si le domicile privé du citoyen se trouvait ainsi transformé en un véritable lieu public.

ALBERT GIGOT,

Avocat au Conseil d'Etat et à la Cour de Cassation.

Le soussigné, s'attachant spécialement à l'examen des théories de droit contenues dans le jugement du tribunal correctionnel d'Alais du 7 septembre 1868, n'hésite pas à considérer comme entièrement inexactes les deux propositions, l'une principale, l'autre accessoire, sur lesquelles repose la doctrine du jugement.

La première de ces propositions consiste à soutenir qu'une réunion électorale n'a le caractère de réunion privée qu'à la condition que les invitations adressées aux citoyens qui y assistent soient personnelles et sérieuses. Sérieuses!... qui en jugera? c'est l'arbitraire le plus absolu. Personnelles! mais est-ce que les invités n'ont pas le droit d'amener et de présenter au maître de la maison d'autres personnes, qui, dès qu'elles sont agréées par celui-ci, deviennent elles-mêmes des invités, auxquels s'étend comme à tous autres la garantie de l'inviolabilité du domicile de leur hôte? — On ne contesterait pas cette vérité évidente s'il s'agissait de réunions consacrées au plaisir, comme un bal, une soirée. Or, il n'y a aucune différence à faire entre de telles réunions et une réunion électorale non publique, puisque la loi n'interdit que les réunions publiques. Par réunions publiques, il faut entendre celles qui sont ouvertes à tout venant.

La seconde proposition juridique du jugement consiste à admettre comme élément de la publicité d'une réunion « la nature et l'objet de ladite réunion. » On aperçoit de suite les conséquences d'une semblable théorie : c'est le droit pour la police de s'introduire dans le domicile privé pour rechercher le but de l'assemblée qui s'y tient, pour recueillir les propos qui s'y débitent; c'est, en d'autres termes, la destruction de l'inviolabilité du domicile. La publicité d'une réunion doit se déduire d'éléments purement extérieurs ; le public, sans distinction, entre-t-il, oui non ? Hors de là, il ne peut y avoir de publicité dans le sens de la loi pénale qui restreint le droit de réunion, ce droit naturel dont l'exercice est inséparable de la liberté du suffrage universel.

Les circonstances de fait relevées par le jugement, à les supposer réelles, ne suffisent à constituer le délit que si l'on admet la théorie légale basée sur les deux propositions qui viennent d'être repoussées. Le soussigné estime donc que le jugement doit être réformé.

Paris, le 13 novembre 1868.

F. HEROLD,

Docteur en droit,
Avocat au Conseil d'Etat et à la Cour de cassation.

Il est reconnu en principe, par tout le monde, que les réunions privées, même en matière électorale, échappent aux dispositions rigoureuses de la loi de 1868. Au moins, sur ce terrain restreint, la liberté reste entière.

Si peu favorable que se montrât le gouvernement à la liberté de réunion, il a pourtant compris qu'il ne pouvait pas aller l'espionner et l'enchaîner même au sein de la vie privée. Il a voulu s'arrêter et s'est arrêté sur le seuil du foyer. C'était bien le moins qu'il pût faire.

Voilà la théorie.

Mais, qu'entendra-t-on par réunion privée ? Cette grande déclaration de principes que nous venons de reproduire ne sera-t-elle, dans la pratique, qu'une déception, un piége peut-être ?

Voilà le danger.

Danger réel, si l'on regarde à ce qui s'est passé dans les premiers procès que l'exercice du droit de réunion privée a fait naître.

Contre ce danger, j'ai eu l'occasion de le dire déjà en adhérant, il y a quelques jours, à la consultation de M. J. Cazot, délibérée sur le jugement Sacy-Guillon et Ribot, contre ce danger, dis-je, il n'y a qu'un remède : il est dans l'esprit élevé et droit, dans la conscience indépendante et impartiale de la magistrature, avec ces garanties, avec ces garanties seules; on pourra écarter et annuler dans leurs tendances les interprétations de fait capricieuses, arbitraires, ombrageuses, toujours armées contre la liberté, toujours disposées à la restreindre dans ses actes, toujours prêtes à étouffer sous leurs éteintes calculées et systématiques même les libertés reconnues et proclamées.

Mais, si haut que soit l'esprit généreux de la magistrature, si indépendànte que soit sa conscience, il lui faut pourtant à elle-même des règles pour se diriger sûrement. Or, ces règles me paraissent avoir été bien résumées dans les consultations et adhésions que je viens de rappeler et auxquelles je crois devoir me référer.

J'ajouterai cependant un mot.

Il y a réunion privée, à mes yeux, toutes les fois que cette réunion se tient dans un lieu privé, dont une personne privée a seule la jouissance, et dans lequel personne ne peut, sans se rendre coupable de violation de domicile, pénétrer sans son consentement écrit ou verbal, ni continuer de rester sans son adhésion. *M. Vuitry*, président du conseil d'Etat, a exprimé la même opinion, et je le regarde comme contenant, oserai-je le dire, *la Loi et les Prophètes*.

Or, voyez cependant où peut conduire l'esprit d'interprétation ! Le jugement *Lacy-Guillon* a bien reconnu cela en théorie; mais il a dit alors aux prévenus : le lieu où s'est tenue la réunion n'était pas le lieu de votre *domicile réel*; donc, le principe de la sainteté du *domicile réel* ne le protégeait pas ; donc, l'exception que vous invoquez pour votre réunion, vous ne pouvez l'invoquer ; car cette exception ne peut s'appuyer que sur le principe de l'inviolabilité du *domici'e réel* seulement.

Mauvais raisonnement, sans doute, nous croyons l'avoir démontré; mais, enfin, si *M. Lacy-Guillon* avait tenu la réunion dans son *domicile réel*, il aurait été, selon le Tribunal, dans l'exception, et il aurait ainsi échappé à toute condamnation.

Bene.

Mais, voici venir M. le baron de Larcy. Il a bien tenu, lui, la réunion dans son *domicile réel*; il est bien protégé dès lors par le principe de la sainteté du *domicile réel*; l'exception fondée sur le principe de l'inviolabilité du domicile lui sera donc bien applicable. C'est vrai, mais il n'en sera pas moins condamné.

E sempre bene.

Condamné, oui, il l'a été; car toute la puissance du domicile privé ne défendra jamais l'hôte qui reçoit ni les invités qu'il reçoit, et qui ne sont venus que sur son agrément, contre ces investigations accusatrices qui vont chercher curieusement et demander à tous les bruits si, parmi ces citoyens réunis, il ne se serait pas glissé un citoyen qui, par hasard, n'aurait pas reçu d'invitation, ou aurait passé inaperçu au milieu de la foule. Or, qui peut répondre de son innocence ainsi aux prises avec une police partiale ou tracassière ?

Ainsi, par exemple, qu'il y ait mille personnes *privativement* introduites dans cette réunion, à ce titre, assurément réunion privée, et une seule passant, non invitée, au milieu de cette masse, cela ne suffira-t-il pas, je le demande aux esprits de bonne foi, pour qu'elle soit transformée en réunion publique ? Je reviens à un dire fameux : « Donnez-moi une ligne de l'écriture d'un homme et je le ferai pendre ; » donnez-moi la plus innocente des réunions privées et je la ferai condamner.

J'adhère à la consultation de M. Odilon Barrot, et je déplore sincèrement, pour mon pays, ces discussions étranges sur une liberté proclamée en principe, mais rendue ainsi impuissante, inefficace en pratique. Cela n'est pas raisonnable, et, de plus, cela n'est pas digne.

Paris 13 novembre 1868,

MARIE,

Avocat à la Cour de Paris, ancien bâtonnier de l'ordre.

J'adhère à la Consultation de mon éminent confrère M. Odilon Barrot.

Le droit de réunion est poursuivi jusque dans son dernier asile : le domicile du citoyen.

Les réunions privées sont dissoutes et incriminées, contrairement aux principes les plus élémentaires et aux plus solennelles déclarations.

Ne nous lassons pas d'affirmer le droit.

EMILE DURIER,

Avocat à la Cour de Paris.

L'avocat soussigné donne la plus complète adhésion à la consultation de son éminent confrère M⁰ Odilon Barrot.

Nous avions, en nous associant aux moyens développés à l'appui de l'appel du jugement du tribunal de Nîmes, exprimé le regret de voir des magistrats rapetisser la question au point de ne pas trouver d'autre protection pour les réunions électorales que l'inviolabilité du domicile du citoyen.

Nous ne connaissions pas alors le jugement du tribunal d'Alais, qui ne veut pas même leur laisser la protection de cette inviolabilité : Nous y lisons, en effet, « qu'une » réunion électorale n'affecte pas un caractère purement privé par cela seul qu'elle » a lieu *dans le domicile* de celui qui l'a organisée, et que des *cartes d'invitation* » ont été distribuées pour y assister. » Il reste encore, selon le jugement, à examiner si les invitations sont personnelles *et sérieuses*, et si l'accès *de l'habitation particulière* a été aussi *sérieusement* interdit au public.

Si de telles doctrines doivent être consacrées, si l'inviolabilité du domicile et de l'habitation ne suffisent plus, si le respect qui leur appartient doit dépendre de l'appréciation d'enquêtes faites sur les conditions et les circonstances de l'introduction des personnes qui y ont été admises, il faut reconnaître qu'il n'y a plus chez nous ni droit, ni loi, ni garanties légales, et que tout est livré à l'arbitraire, ou de l'administration, ou des tribunaux.

Paris, 18 novembre 1868.

J. SENARD.

J'adhère sans réserves aux raisons décisives données par mon honorable confrère M⁰ Odilon Barrot dans la consultation qui précède :

A mon sens, l'erreur dans laquelle les magistrats d'Alais sont tombés vient beaucoup de ce qu'ils ont oublié les motifs véritables qui ont déterminé le législateur à réglementer les réunions publiques. Ces motifs sont tirés du droit que les pouvoirs se sont toujours attribué de maintenir l'ordre dans les lieux qui appartiennent à tout le monde, parce que chacun y a un libre accès. Ce droit se lie à la paix publique, et l'on comprend dans une certaine mesure sa nécessité. Mais le domicile privé y échappe complétement, par la seule raison qu'il n'appartient qu'à un seul, qui y est le maître, qui est chez lui, et qui doit, sous peine d'anéantir toute liberté, y être pleinement respecté. Le juge n'a donc pas à se préoccuper de la probité de ceux qui entrent dans une maison privée, du lien qui les rattache au domicilié, des discours qui se tiennent chez ce dernier. Rechercher ces choses, c'est violer la loi qui protége le domicile, c'est établir l'arbitraire et l'inquisition. Et, s'il est vrai qu'un domicile privé peut être accidentellement converti en lieu public, ce ne peut être, comme on l'a très-justement fait remarquer, que par le fait et la volonté du maître de la maison. L'admission libre du public, contre cette volonté, ou sans cette volonté, n'enlève pas à son domicile le caractère de lieu privé, et ne donne au magistrat aucun prétexte d'y pénétrer. La Cour de cassation a, du reste, consacré ce principe dans le seul arrêt qui ait été rendu sur cette matière importante, l'arrêt Barthélemy; car, en rejetant le pourvoi formé contre l'arrêt de la cour de Paris, elle a visé la constatation de fait de cet arrêt : que Barthélemy savait que la réunion serait publique et avait voulu qu'elle le fût.

Là me paraît être la raison juridique de décider. En dehors d'elle, il n'y a plus que caprice, confusion et violence officielle.

19 novembre 1868.

Jules FAVRE,
Ancien bâtonnier.

J'adhère de tous points à la consultation de M⁰ Odilon Barrot.

Emmanuel ARAGO.

Paris, 19 Novembre 1868.

Le soussigné, avocat à la Cour Impériale de Paris, adhère à la consultation délibérée par son confrère Mᵉ Odilon Barrot.

Il ne peut être absolument certain des intentions qui ont animé le législateur qui a formé la loi sur le droit de réunion dans la période électorale ; mais il doit la comprendre dans le sens logique qui lui est donné par le texte et par la discussion.

Or, il résulte de cet examen ainsi fait, que l'on n'a pas eu la pensée de réglementer les réunions privées, qui par suite sont restées dans les conditions légales des temps antérieurs à la nouvelle loi. Ces conditions étaient la liberté absolue, et l'impossibilité de violer le domicile, même pour vérifier si, par les circonstances de la réunion qui s'y teuait, il n'avait pas cessé d'être domicile privé.

Donc, dans la période électorale, libre pour la réunion publique, comme dans la période des cinq derniers jours, interdite à l'exercice de ce droit, la réunion privée est permise, si elle est tenue dans un domicile privé.

La question naît ensuite, de savoir si le domicile privé de celui qui invite à la réunion est le seul où elle puisse être tenue sans perdre son caractère de réunion privée, et sans emprunter le caractère de réunion publique, soit au seul fait de la différence entre le propriétaire du local et le titulaire de la convocation, soit aux diverses circonstances de la convocation et de l'admission à cette réunion.

Ici, le soussigné se range encore du côté de la liberté ; je puis avoir une réunion privée ; je puis l'avoir chez moi ; je puis l'avoir dans un lieu loué par moi ; je puis l'avoir dans un lieu mis à ma disposition par un ami, par un coïntéressé dans l'objet de la réunion ; ce qui distingue la réunion privée de la réunion publique, c'est uniquement, exclusivement, le mode de convocation et d'admission. Mais ce mode même ne peut être examiné que quand le lieu de la réunion est hors du domicile de celui qui convoque. Dans ce domicile, il y a à la porte une barrière, qui peut s'ouvrir ou s'abaisser devant les entrants, selon le gré du propriétaire, mais qui reste infranchissable et impénétrable pour le pied et l'œil de l'autorité, si elle n'y cherche pas un crime ou un délit autre que le fait même de la réunion.

Jules LEFRANC.

PARIS.—IMP. DE DUBUISSON ET Cᵉ, RUE COQ-HÉRON, 5.   5788